Para

com votos de paz.

/ /

DIVALDO FRANCO
PELO ESPÍRITO JOANNA DE ÂNGELIS

Receitas de Paz

Salvador
8. ed. – 2024

©(1984) Centro Espírita Caminho da Redenção
Site: https://mansaodocaminho.com.br
Edição: 8. ed. (2. reimpressão) – 2024
Tiragem: 3.000 exemplares (milheiros: 59.500)
Coordenação editorial: Lívia Maria C. Sousa
Revisão: Manoelita Rocha
Capa: Cláudio Urpia
Editoração eletrônica: Marcus Falcão
Coedição e publicação: Instituto Beneficente Boa Nova

PRODUÇÃO GRÁFICA
LIVRARIA ESPÍRITA ALVORADA EDITORA – LEAL
E-mail: editora.leal@cecr.com.br
DISTRIBUIÇÃO: INSTITUTO BENEFICENTE BOA NOVA
Av. Porto Ferreira, 1031, Parque Iracema. CEP 15809-020
Catanduva-SP.
Contatos: (17) 3531-4444 | (17) 99777-7413 (WhatsApp)
E-mail: boanova@boanova.net
Vendas on-line: https://www.livrarialeal.com.br

Dados Internacionais de Catalogação na Publicação (CIP)
(Catalogação na fonte)
BIBLIOTECA JOANNA DE ÂNGELIS

FRANCO, Divaldo Pereira. (1927)

Receitas de paz. 8. ed. / Pelo Espírito Joanna de Ângelis [psicografado por] Divaldo Pereira Franco, Salvador: LEAL, 2024.
152 p.
ISBN: 978-85-8266-193-2

1. Espiritismo 2. Paz 3. Psicografia
I. Franco, Divaldo II. Título

CDD: 133.93

Bibliotecária responsável: Maria Suely de Castro Martins – CRB-5/509

DIREITOS RESERVADOS: todos os direitos de reprodução, cópia, comunicação ao público e exploração econômica desta obra estão reservados, única e exclusivamente, para o Centro Espírita Caminho da Redenção. Proibida a sua reprodução parcial ou total, por qualquer meio, sem expressa autorização, nos termos da Lei 9.610/98.
Impresso no Brasil | Presita en Brazilo

Sumário

Receitas de paz 7
1. Apoio em Deus 11
2. Amor e paz 17
3. Tribulações 23
4. O Reino especial 29
5. Precipitação 37
6. Consciência do bem 43
7. Prática útil 49
8. Grandeza da renúncia 55
9. Influências 63
10. Questão de sintonia 69
11. Depressão 75
12. Câncer moral 83
13. Nunca desistir 89
14. Lesões na alma 97
15. Viver com serenidade 103
16. Firmeza no ideal 111
17. Loucura e suicídio 119
18. Agressão 129
19. Sobrevivência 137
20. Renascimento do Cristo 143

Receitas de Paz

Tendo em vista os grandes problemas que comandam a cultura e a civilização hodierna, somos levados a concordar com os estudiosos do comportamento e com os filósofos modernos que assinalam este como o "século da angústia".

Estatísticas bem elaboradas documentam a existência de cem milhões de pessoas vitimadas pela depressão da amargura, na atualidade, *que marcham no rumo de alienações mais graves ou do suicídio inditoso.*

Outras enfermidades na área mental assolam em índice terrível e assustador, o que preocupa mesmo os mais frios profissionais da Medicina psiquiátrica como da Psicologia e da Psicanálise.

Somem-se a estes dados as doenças do aparelho digestivo, as cardiopatias, o câncer, as infecções dermatológicas, as alergias, os processos reumáticos e artríticos, os desgastes ósseos, os desvios de coluna, e teremos inquietante incidência de desajustados e sofredores, debatendo-se nas amarras da aflição constritora.

É verdade que a Medicina vem logrando, cada dia mais, expressivos êxitos nos problemas da saúde, seja nas cirurgias de alto porte ou nas microcirurgias, nos transplantes salvadores de vidas ou nas valiosas terapias medicamentosas de resultados abençoados.

No entanto, a fome, o desemprego, as carências afetivas, a indiferença pela vida, a revolta, os desequilíbrios do sexo, respondem por maior número de desesperados, que clamam por ajuda que nem sempre lhes chega, ou que recusam a receber quando lhes é oferecida...

São estes os "tempos chegados", da referência evangélica, convidando-nos a uma atitude dinâmica em favor dos padecentes de todo porte.

A Doutrina Espírita, porém, dispõe de recursos que podem propiciar uma radical mudança para melhor desta realidade que ora enfrentamos.

Reunimos, neste livro, algumas páginas inspiradas nos ensinamentos espíritas, que oferecemos ao leitor como receitas de paz, para as múltiplas situações, seja na doença ou na saúde, diante dos conflitos como das dificuldades...

Dedicamos este despretensioso trabalho aos que ainda tateiam na escuridão, sem fé, aos que perderam a esperança, àqueles que ignoram as bênçãos da reencarnação e ainda não se deram conta de que se encontram incursos nos soberanos códigos da Divina Justiça e na sua imortalidade, que lhes impõe a transformação moral, a fim de mais facilmente se liberarem dos sofrimentos que os aturdem e desconcertam.

Esperando que estas mensagens consigam alertar ou infundir coragem naqueles que buscam orientação para os momentos de angústia de qualquer procedência, agradecemos ao Senhor da Vida, O Médico por Excelência, rogando-Lhe abençoar-nos sempre com a Sua paz.

Joanna de Ângelis
Salvador, 21 de março de 1984.

1 APOIO EM DEUS

Entrega-te a Deus.
Confia em Deus.

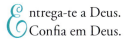

Dá-te à Obra de Deus em todos os instantes da tua vida.

Tormentas que desabam, empecilhos que surgem, situações que se complicam – confia em Deus.

Angústias que recrudescem no imo dos sentimentos, ansiedades que pareciam superadas e retornam, assustadoras – entrega-te a Deus.

Infortúnios que carpes silenciosamente, malquerenças que relevas com paciência – doa a tua vida a Deus.

Entrega-te ao Pai Criador em toda e qualquer circunstância em que te vejas situado.

A morte é Vida.

A noite corusca-se de estrelas.

A dificuldade reverdece em esperança.

Se te sentes num túnel extenso entre sombras ameaçadoras, segue adiante e verás uma luz que te espera, após o trânsito difícil.

Se a soledade te junge a compromissos que te constrangem, leva com esperança o teu fardo, e a tua alma de eleição te receberá no termo da subida.

Se as conjunturas se abrem em abismos adornados de prazer, mas em cujo fosso estão miasmas e pesadelos futuros, renuncia hoje, para que a paz te domine o coração amanhã.

Nessa vilegiatura, por mais aflição que experimentes, *não segues a sós.*

Entregue a Deus, confiando em Deus, dando-Lhe a vida, Deus se te manifestará através dos anjos guardiões infatigáveis, que seguem contigo, fiadores prestimosos da tua reencarnação, que te não permitem carregar um fardo acima das tuas forças.

Chamado à reação colérica, pensa neles, faze silêncio e os ouvirás.

Invitado ao desbordar de paixões que amesquinham e logo cessam os efeitos, diminui o passo, tem calma e eles te socorrerão.

Instado ao desequilíbrio de qualquer natureza, recorre à proteção deles. Ora em silêncio interior e eles te auxiliarão.

Se caíres, levanta. Eles te esperam.

Se recuaste, recomeça o avanço. Eles te distendem braços.

Se o desânimo se assenhoreou dos teus sentimentos, abre-te a eles e estímulo poderoso te movimentará os membros hirtos, permitindo que prossigas na tua marcha luminosa.

E se acaso um testemunho mais áspero se te apresentar desolador, amesquinhante, lembra-te de Jesus que, no momento extremo da cruz, a Deus entregou o espírito, ensinando-te a confiar em Deus, a entregar-te a Deus, a Deus doar a tua vida através dos teus guias espirituais.

2 AMOR E PAZ

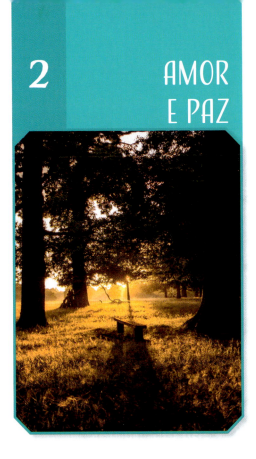

O desânimo é pântano venenoso onde se asfixiam as mais belas aspirações da vida.

A precipitação torna-se fogaréu a arder sem finalidade, muitas vezes prejudicando a lavoura do bem.

O receio sistemático constitui campo onde medram as plantas daninhas que destroem a sementeira da esperança.

A maledicência é geratriz de males incontáveis.

A preguiça urde a destruição do trabalho, tanto quanto a má vontade inspira a insensatez.

~

Comenta-se sobre a violência com exagerada cooperação dos veículos da moderna

Informática, estimulando mentes enfermas e personalidades psicopatas a se entregarem à alucinação.

A terapia para a terrível epidemia que toma conta do mundo é o amor, em todas as suas expressões.

Amor fraternal, que sustenta a amizade e dissemina a confiança.

Amor espiritual, que generaliza o interesse de todos pelo bem comum.

Amor cristão em serviço ativo, que desenvolve o trabalho e espraia a solidariedade.

O amor que compreende o erro é êmulo do amor que reeduca, da mesma forma que o amor que perdoa promove o amor que salva.

∽

São formas de violência cruel: o torpe desânimo e a rude precipitação, o infeliz receio, a cruel maledicência e a maléfica preguiça, filhos espúrios do egoísmo que é, em si mesmo, o gerador dos males que desgovernam o mundo.

~

Contribui para a ordem e a paz mediante a utilização do verbo feliz, falando para ajudar – distendendo o conforto moral e as diretrizes do equilíbrio; mediante o pensamento – resguardando-te do pessimismo, irradiando ondas mentais de simpatia, orando em silêncio; através da ação – produzindo no bem, mesmo que seja com a dádiva modesta de uma luz acesa na escuridão, de um vaso de água fria na ardência da sede, de uma côdea de pão distendida ao esfaimado, de um grão rico de vida na vala fértil; com olhos postos no futuro...

Cada um pode oferecer a sua melhor parte, doar a mais importante quota que, em palavras simples e plenas, é o amor.

Jesus, em todas as circunstâncias, não obstante pudesse modificar as estruturas do Seu tempo e solucionar os problemas daqueles que O buscavam, por amor, ajudou cada criatura que a Ele recorria, influenciando-a a mudar de atitude perante a vida e a crescer no bem, avançando em paz na direção de Deus, o Amor Total.

3 TRIBULAÇÕES

Ninguém que se encontre em regime de exceção.

A vida, na Terra, é feita de experiências evolutivas em que o processo de crescimento se faz através dos cursos educativos dos sofrimentos.

Nem todas as tribulações, no entanto, são decorrência da imposição das Divinas Leis.

～

Quando o Espírito se dá conta dos erros cometidos numa etapa, roga a bênção do recomeço sob o açodar dos sofrimentos que o aprimoram, ensinando-o a valorizar a oportunidade e a criar melhores condições para o equilíbrio futuro.

Entendendo a vida como um processo eterno de evolução, conquista numa oportunidade o que noutra não soube considerar, e quando tal ocorre, porque o amor foi desdenhado, é no sofrimento que se aprimora.

⁓

As tribulações solicitadas constituem bênçãos que devem ser vividas com alegria, mediante o aproveitamento de cada instante, mesmo que, aparentemente, sob a rudeza causticante da agonia.

Noutras vezes, faz-se imperioso expungir, e os Soberanos Códigos, ensejando a libertação do calceta, que renitentemente se entregou ao desvario, convidam-no à reparação expiatória com que conquista a paz, mediante os exercícios mais dolorosos da angústia ou da limitação, das mutilações ou da saudade...

❧

Afirmou Jesus:

"No mundo só tereis aflições" em face de ser, a Terra, ainda uma escola de crescimento, cujos métodos são defluentes das necessidades mais imediatas dos seus educandos.

Assim, converte cada tribulação em conquista valiosa, insculpindo no teu mundo íntimo o seu conteúdo, de modo a não repetires os mesmos erros que ora te jugulam ao carreiro da agonia.

❧

Sofrendo, valorizarás a alegria e a paz, amando mais seguramente o teu próximo e melhor entendendo as suas dores que são companheiras das tuas.

Não tendo qualquer compromisso a resgatar, Jesus ofereceu-se à Vida, experimentando as mais rudes tribulações que se possa imaginar, para que compreendêssemos que, na escala da evolução, o amor é luz a brilhar perenemente, mesmo quando o sofrimento nos convoca a compreendê-lo e incorporá-lo ao nosso dia a dia.

4 O REINO ESPECIAL

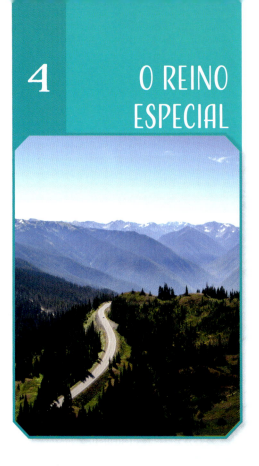

Vale a pena analisar o cortejo de insucessos e tragédias de que foram vítimas os dominadores arbitrários do poder temporal, diretamente envolvidos na crucificação de Jesus.

Anás, que representava a alta corte do Sinédrio, na condição de grão-sacerdote, que fechou os ouvidos à causa do Justo, foi vítima da própria pusilanimidade, não se furtando à morte inglória que lhe consumiu a soberba e a presunção.

Caifás, que fora erguido a posição relevante, na casta religiosa, e subestimou o Messias, zombando da Sua mensagem e fatigando-O numa noite de loucura que culminaria com a Sua condenação, decompôs-se moral e fisicamente, não se liberando da viagem sombria pelos corredores da morte detestada.

Pilatos, guindado ao posto de representante de César e que lavou as mãos quanto ao destino do Rei algemado, não se pôde esquecer do indefeso, mergulhando em atormentante psicose, que o levaria, logo mais, a inditoso suicídio num vulcão extinto, na Suíça, para onde fora, ao cair em desgraça...

Tibério, que governava o mundo, sórdido e avaro, na sua misantropia descabida, transferiu-se para Capri, receoso de alguma sedição, após cometer inumeráveis assassinatos inclusive o de Sejano, terminou por ser arrebatado por morte vergonhosa.

Barrabás, que recuperara a liberdade ante a prisão do Inocente, prosseguiu na alucinação que o venceu, sem saber usar a oportunidade para reparação.

Judas, que O vendeu, dando conta de si, suicidou-se, em fuga espetacular à responsabilidade...

Deixaram o legado macabro da dor em sombras espessas, que prosseguem como símbolo do crime, da traição, da injúria, através dos séculos.

❧

Sobre toda a execração dos crucificadores permaneceu Jesus.

A herança deles é a da arbitrariedade silenciada pela morte, enquanto a do Cristo é a esperança no amor, oferecendo felicidade e paz.

❧

Os séculos não O afastaram da mente das massas, qual ocorreu com aqueles que O perseguiram. A celebridade deles repousa na morte da vítima sem resistência, enquanto a memória do Libertador permanece como símbolo de dignidade e grandeza moral.

ஒ

Os mártires que O seguiram encontraram vitalidade no Seu exemplo.

Os construtores dos ideais da beleza nas Artes e nas Ciências fortaleceram-se na Sua doação.

Os promotores do progresso humano têm-nO como modelo, sempre à frente em ideal posição.

ஒ

Jesus é o vulto mais completo da Humanidade.

Em menos de quatrocentos meses, construiu um Reino cujas balizas foram implantadas em quase três anos nos corações, num tempo hostil e num lugar remoto, sendo esta a mais grandiosa obra de civilização de todos os séculos.

Este é um Reino diferente, superior.

Os sinais característicos do Seu país permanecem no concerto de todas as nações.

Sua bandeira é branca, simbolizando a paz.

Seu hino nacional é o amor, que todos podem cantar e viver.

Suas armas para a defesa são a misericórdia e o perdão, que se fazem de fácil manuseio.

O seu idioma é a bondade, que todos compreendem sem qualquer esforço, sendo de simples e rápida assimilação.

Sem fronteiras limítrofes, estende-se por todos os demais reinos, independente e ideal, sustentando os sofredores de toda parte e dando-lhes a nacionalidade básica, permanente, expressa na legítima fraternidade que unirá todas as criaturas.

Sobrevivendo ao passado Ele resistirá ao futuro, unindo as criaturas diferentes num só rebanho, que conduzirá ao Pai, após a luta final contra as paixões, que cada súdito deve travar no íntimo de si mesmo, para a perfeição anelada.

5 PRECIPITAÇÃO

A precipitação responde por muitos males que afligem o homem.

Um comportamento ansioso leva a estados de perturbação, geradores de sofrimentos perfeitamente evitáveis.

Sob o estigma da ansiedade as atitudes são incorretas, fomentando resultados inadequados à edificação interior.

~

O exercício da calma, por isso mesmo, faz-se imprescindível para uma jornada harmônica, em face das perplexidades que a vida moderna impõe.

A calma ensina a esperar pelos resultados de qualquer realização, que não podem ser antecipados.

~

O ritmo do tempo é inalterável, razão por que os acontecimentos sucedem naturalmente dentro de espaços que não podem ser modificados.

À instância da precipitação, o homem ouve e vê mediante óptica deformada, que mais o perturba, desde que obnubilando-lhe o discernimento, precipita-o em despenhadeiros de infortúnio.

~

Há tempo de semear, sendo, portanto, compreensível que chegará o tempo de segar.

Inutilmente se pretenderá com êxito precipitar os fenômenos da vida, entre a germinação e a frutescência do grão.

No campo moral, o mecanismo é equivalente.

Cada fase tem um período próprio; cada ocorrência seu instante azado.

Reúne as tuas forças morais na disciplina do equilíbrio, não precipitando sucessos que devem seguir o seu curso normal.

Consciente de que somente te ocorrerá o que esteja na tua programação cármica, não sofras por antecipação, propiciando estados de ansiedade e amargura, que poderiam ser evitados.

Quando suceder que o sofrimento desabe sobre ti, enfrenta-o com nobreza, sabendo que ele se te faz necessário, como forma de crescimento para a vida e de recuperação pessoal, na contabilidade dos valores espirituais...

Disse Jesus: *"Somente caem as folhas das árvores pela vontade de Deus"*, demonstrando que toda ocorrência está subordinada a

Leis que comandam todos os fenômenos do cosmo.

Da mesma forma, sucedem no teu universo pessoal, acontecimentos a que fazes jus e de que necessitas.

Tem, portanto, paciência e não te precipites nunca.

Arrepender-te-ás pela decisão arroubada, ansiosa, e nunca por aquela que nasce da reflexão e da calma.

~

Se parecer-te impossível suportar em paz os problemas que te angustiam, recorre à oração e deixa-te acalmar pela blandícia do intercâmbio entre ti, que rogas, e a Divindade, que te responde, asserenando-te e poupando-te à precipitação.

6 CONSCIÊNCIA DO BEM

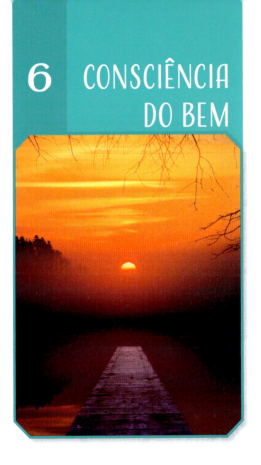

O homem que se conscientiza das próprias responsabilidades, melhor se arma de recursos para enfrentar as vicissitudes.

Tem fé no futuro e trabalha por alcançá-lo mediante as realizações de enobrecimento.

⁂

Quando sofre, reúne os valores morais e enfrenta o problema sem perder o equilíbrio, fator preponderante em qualquer empreendimento.

Quando incompreendido ou sob os camartelos da dificuldade, permanece íntegro no culto do dever, confiando na resposta do tempo, que é o inevitável desvelador de todas as coisas.

⁂

Se colocado em situação relevante, utiliza-se da oportunidade para repartir as conquistas que o engrandecem e ao grupo social no qual se movimenta.

Sob tensão, age com harmonia; em posição de paz, atua com entusiasmo.

Nesse homem estão presentes os títulos do cidadão ideal, que um dia se tornará comum, numa sociedade mais justa, portanto, mais feliz.

Quem se entrega ao ideal religioso, qual ocorreu com os cristãos primitivos, ombreando com os apóstolos e os mártires, descobre as altas finalidades da vida e, por antecipação, experimenta a felicidade que se lhe reserva após as lutas renhidas da sublimação.

Compreensível que a odisseia do Cristianismo seja, nos tempos primeiros, a saga de santos e de heróis, em face do espírito de integração na Causa que sustentava os participantes da fé.

Fenômeno semelhante deve ocorrer com os espíritas, os cristãos-novos, considerando-se o conteúdo da Doutrina que se lhes apresenta, e as condições especiais de vivê-la na atualidade.

Objetivando essencialmente a realização do homem integral, propõe a mais eficiente ética numa extraordinária filosofia de comportamento, que o capacita para as conquistas morais que o alçam à paz.

Explica-lhe a razão dos infortúnios e dos sucessos; o porquê das ditosas como das infelizes ocorrências, assim ensejando-lhe uma conduta de equidade em relação ao próximo e de confiança a respeito da vida, em cujo rio de experiências braceja...

Fortalecido por uma fé que se estriba no conhecimento da vivência do fato, não teme qualquer injustiça, que lhe é sempre aparente, nem o mal, que é somente a temporária ausência do bem que lhe cumpre desenvolver...

～

Tendo como exemplo Jesus, que jamais desanimou ou se precipitou, confia na lição das horas bem aproveitadas e prossegue no campo dos deveres que lhe dizem respeito.

Ao mesmo tempo tem, em Allan Kardec, o exemplo ideal do discípulo da verdade que "em tomando da charrua não olhou para trás", produzindo em breve período a obra colossal que vem triunfando sobre o tempo, como um monumento de luz para clarear a Humanidade de todos os tempos, futuro afora.

7 PRÁTICA ÚTIL

Sem qualquer utilidade prática seria o conhecimento que se não pudesse aplicar em benefício de quem o possui ou do seu próximo.

Inócuo será o medicamento cujas propriedades curativas apregoadas não resolvam o problema da enfermidade, quando utilizado.

Da mesma forma, o Espiritismo não passaria de bela e vã filosofia, não pudessem os seus postulados modificar as estruturas morais do homem, mudando a vida da Humanidade.

O efeito, portanto, mais imediato do conhecimento espírita é a transformação moral do indivíduo com o seu consequente engajamento na ação renovadora da sociedade.

Caracterizava-se o Cristianismo Primitivo pelo mesmo comportamento na área dos que se lhe aderiam aos ensinos.

À reforma íntima sucedia-se a atividade benfazeja em favor do grupo social no qual se movimentava.

Doutrinas iguais – o Cristianismo e o Espiritismo – são, nos devidos tempos em que apareceram, as mais completas Revelações da Divindade, trabalhando pela felicidade humana.

Ao seu tempo, o Cristianismo fez que mudasse o curso histórico dos acontecimentos, sob a Lei de Amor, que dignifica o homem, exaltando-lhe a natureza espiritual em detrimento da sua natureza animal, que teima por sobrepor-se.

Semelhantemente aos cristãos primitivos, que descobriram a Vida espiritual e a ela se dedicaram, os espiritistas penetram além dos Umbrais da morte e redescobrem o Mundo extrafísico em toda a sua pujança, com todos os seus desafios.

Os cristãos das primeiras horas, compreendendo que a morte a ninguém modificava, não se escusavam ao atendimento das Entidades ignorantes, doentes e perversas que permaneciam em lamentável comércio obsessivo com os homens.

Dispensavam-lhes carinho, assistência moral, esclarecimentos com que as despertavam para os compromissos desconsiderados.

A mesma tarefa hoje se apresenta aos espíritas, convidando-os para o atendimento aos Espíritos enganados e turbulentos que enxameiam em toda parte, dando gênese a enfermidades de variadas denominações, com raízes obsessivas lamentáveis.

꒜

Não te descures, portanto, na tarefa do esclarecimento espiritual aos homens, auxiliando, também, os desencarnados em perturbação.

Resguarda-te da influência negativa daqueles que permanecem alucinados.

Domina as más inclinações e dá curso aos sentimentos superiores que despontam, como tendências para o bem.

꒜

Não te canses de produzir no amor.

Reparte os teus recursos espíritas, de modo prático, no esclarecimento aos sofredores do Além-túmulo, não te escusando, cristão e espírita que és, à prática da desobsessão, nesta hora grave do processo social de evolução dos homens e da Terra.

8 GRANDEZA DA RENÚNCIA

Albrecht Dürer, o excelente pintor alemão, antes de notabilizar-se, necessitando de estudar, combinou com um jovem amigo, igualmente artista, sobre a necessidade de se transladarem para um núcleo de maior cultura no qual aprimorariam o estilo. Para tanto, porque não dispusessem de um Mecenas que os ajudasse, um trabalharia na faina rude de lavador de pratos, enquanto o outro pintava, de modo que, com a venda dos primeiros quadros, o que trabalhava passaria a estudar.

Estabelecidas as bases do cometimento, os dois amigos deram início ao labor, afirmando Albrecht: – *"Eu me dedicarei ao trabalho"*, pelo que o outro respondeu: – *"Eu sou mais velho e já tenho emprego no restaurante"*.

Aquiescendo com o amigo, Dürer começou a estudar e a pintar.

Quando reuniram uma soma que permitia que o outro estudasse, ele largou o trabalho e dirigiu-se à escola. Percebeu, porém, que a atividade rude destruíra-lhe a sensibilidade táctil, desequilibrara-lhe o ritmo motor, dando-se conta de que nunca atingiria a genialidade, ainda mais descobrindo a qualidade superior do amigo.

Dotado de sentimentos nobres, renunciou à carreira e prosseguiu trabalhando. Numa noite em que Dürer retornou ao estúdio, ao abrir silenciosamente a porta, estacou na sombra, vendo pela claraboia do teto o reflexo do luar que se adentrava, iluminando duas mãos postas em atitude de prece. Era o amigo, ajoelhado, que rogava bênçãos para o companheiro triunfar na pintura.

O artista, comovido ante a cena, imortalizou-a numa pequena tela, que passou à posteridade no "Estudo para as mãos de um apóstolo", para o altar de Heller, hoje na Albertina, em Viena.

A renúncia é a emoção dos Espíritos superiores transformada em bênçãos pelo caminho dos homens.

Quem renuncia estabelece para o próximo a diretriz do futuro em clima de paz.

A renúncia é melhor para quem a oferta.

Poder ceder, quando é fácil disputar; reconhecer o valor de outrem, quando se lhe está ao lado, ensejando-lhe oportunidade de crescimento; ajudar sem competir, são expressões elevadas da renúncia que dá à vida um sentido de significativa grandeza.

O caminho, hoje juncado de cardos, de abrolhos, é o mesmo trilho abençoado e livre que ontem foi percorrido com egoísmo.

A senda áspera, marcada pelo pantanal de agora, não é outra, senão aquela que ficou ao abandono.

A estrada de passagem difícil é fruto do esquecimento a que foi relegada por quem a percorreu.

Retornam sempre os pés andarilhos pelo roteiro já conhecido, como os astros, no seu périplo no infinito, volvem ao mesmo curso, obedecendo à matemática da gravidade universal.

Felizes aqueles que hoje cedem para amanhã receber; os que agora doam para mais tarde enriquecer-se; os que compreendem que a verdadeira felicidade consiste em ajudar e passar, sem impor nem tomar.

Quem renuncia, enfloresce a alma de paz, granjeando a gratidão da vida pelo que recebe.

Jesus, renunciando ao sólio do Altíssimo, veio conviver conosco e suportar-nos.

Reconhecendo a nossa pequenez, renunciou à Sua grandeza.

Para fazer-se entender, renunciou à Sua sabedoria transcendental.

Para nos amar, renunciou à tranquilidade, sofrendo-nos.

E renunciando à própria elevação, aguarda por nós.

9 INFLUÊNCIAS

Vives sob a contingência dos fatores que te envolvem, produzindo influências decisivas no teu comportamento.

Ninguém marcha sem a indução, consciente ou não, de outrem que se lhe faz agente da movimentação.

～

Como te encontras em clima de progresso espiritual, assinalado por problemas e dificuldades, mais facilmente fixas as impressões inquietantes e deprimentes, sugerindo-te desânimo ou rebeldia, mal-estar ou violência.

Nem sempre essas influências se apresentam diretamente.

Graças ao intercurso, natural e inevitável, com os Espíritos, aqueles que sintonizam com as paixões inferiores absorvem as ideias negativas e se lhes entregam. Não obstante, essas influências vão mais além, conduzindo esses indivíduos a se transformarem em instrumentos de transmissão do bafio mórbido do desalento àqueles que se lhes acercam...

É certo que o mesmo ocorre no sentido oposto, no qual respiram as Entidades felizes e os seus pupilos, que são todos quantos se afinam com os propósitos superiores da vida.

Em razão dos atavismos que retêm a criatura nas faixas mais grosseiras do processo evolutivo, muito mais fácil é a sintonia com as influências negativas, principalmente aquelas que defluem do contato com os frívolos e sonhadores, ociosos ou perversos, graças à sua habilidade em verbalizar os sentimentos de que se acham possuídos.

Resguarda-te das influências perniciosas.

Raciocina, enquanto ouves os palradores, examinando o que eles fazem, em que se fixam, quais os seus testemunhos de fidelidade aos ideais que dizem esposar.

Incapazes de ascender, por acomodação ou sistemática rebeldia, combatem os que lutam, afastam do trabalho, mediante acenos vãos e promessas enganosas, todos quantos se candidatam à ação de crescimento no bem.

Libera-te do fascínio deles, rompendo as algemas mentais que a eles te ligam.

Se adias a tua enobrecida decisão, aquela influência te enfermará.

Ausculta a consciência, antes de qualquer decisão.

Evita ouvir esta e aquela opinião.

Deves saber o que queres da vida, como o desejas e por que o anelas.

Ora, buscando as influências superiores, e receberás a correta inspiração.

Tens uma tarefa a executar.

Une-te aos que combatem, já cansados e sofridos, oferecendo-lhes o *sangue novo* do teu entusiasmo, sem conflitos, nem indecisões.

Não aguardes encontrar homens, obras perfeitas.

Aperfeiçoa-te, descobrindo quanto é difícil em ti esse processo, e então compreenderás melhor a luta dos outros, o afã dos demais...

Decide-te ao bem, porquanto a tua decisão fará tua vida, assim, por tua vez, influenciando superiormente o comportamento de outras pessoas.

10 QUESTÃO DE SINTONIA

O fascínio que Jesus exercia sobre todos que O defrontavam derivava da Sua superioridade espiritual.

Seus silêncios penetravam na alma dos seguidores, que se comoviam, submissos.

As Suas palavras ressoavam demoradamente na acústica dos seres que se deixavam permear pelo verbo revelador.

Seus atos mudavam o habitual e apresentavam a Sua natureza transcendente.

～

Quantos eram convocados, quase sem raciocinar, tudo abandonavam pelo prazer de O seguir.

Os que debandaram, no momento do testemunho, volveram, de imediato, autodoando-se, mais tarde, em holocausto de amor ou renasceram assinalados pela Sua convocação, seguindo-O com valor e renúncia total.

Ao Seu lado vivia-se o clima da esperança, em perfeita comunhão espiritual com a Vida maior.

A morte a ninguém se afigurava como o fim da vida, mas representava uma porta de acesso à Vida...

⤳

Faze uma avaliação dos teus atos e considera se estás em condição de partir.

O conhecimento espírita que te reconduz a Cristo, dá dimensão da responsabilidade que te cumpre desenvolver.

⤳

De bom alvitre, portanto, que reconsideres atitudes negativas, situações conflitantes e estados de perturbação que te assinalam as horas.

Colocando a Vida espiritual em primeiro plano nas tuas atividades e conduta, a vida passará a ter sentido superior.

Sairás da torpe situação em que te debates e lutarás com mais decisão pela conquista de ti mesmo, em consequência, da tua paz.

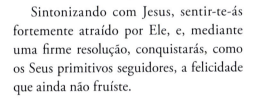

Sintonizando com Jesus, sentir-te-ás fortemente atraído por Ele, e, mediante uma firme resolução, conquistarás, como os Seus primitivos seguidores, a felicidade que ainda não fruíste.

11 DEPRESSÃO

A depressão tem a sua gênese no Espírito que reencarna com alta dose de culpa, quando renteando no processo da evolução sob fatores negativos que lhe assinalam a marcha e de que não se resolveu por liberar-se em definitivo.

Com a consciência culpada, sofrendo os gravames que lhe dilaceram a alegria íntima, imprime nas células os elementos que as desconectam, propiciando, em largo prazo, o desencadeamento dessa psicose que domina uma centena de milhões de criaturas na atualidade.

⁓

Se desejarmos examinar as causas psicológicas, genéticas e orgânicas, bem estudadas pelas ciências que se encarregam de penetrar o problema, temos que levar em conta o Espírito imortal, gerador dos quadros emocionais e físicos de que necessita, para crescer na direção de Deus.

A depressão instala-se, a pouco e pouco, porque as correntes psíquicas desconexas que a desencadeiam desarticulam, vagarosamente, o equilíbrio mental.

Quando irrompe, exteriorizando-se, dominadora, suas raízes estão fixadas nos painéis da alma rebelde ou receosa de prosseguir nos compromissos redentores abraçados.

Em face das suas cáusticas manifestações, a terapia de emergência faz-se imprescindível, embora os métodos acadêmicos vigentes, pura e simplesmente, não sejam suficientes para erradicá-la.

Permanecendo as ocorrências psicossociais, socioeconômicas, psicoafetivas, que produzem a ansiedade, certamente se repetirão os distúrbios no comportamento do indivíduo, conduzindo a novos estados depressivos.

~

Abre-te ao amor e combaterás as ocorrências depressivas, movimentando-te em paz na área da afetividade, com o pensamento em Deus.

Evita a hora vazia e resguarda-te da sofreguidão pelo excesso de trabalho.

Adestra-te, mentalmente, na resignação diante do que te ocorra de desagradável e não possas mudar.

~

Quando sitiado pela ideia depressiva, alarga o campo de raciocínio e combate o pensamento pessimista.

Açodado pelas reminiscências perniciosas, de contornos imprecisos, sobrepõe as aspirações da luta e age, vencendo o cansaço.

Quem se habilita na ação bem conduzida e dirige o raciocínio com equilíbrio, não tomba nas redes bem urdidas da depressão.

Toda vez que uma ideia prejudicial intentar espraiar-se nas telas do pensamento obnubilando-te a razão, recorre à prece e à polivalência de conceitos, impedindo-lhe a fixação.

Agradecendo a Deus a bênção do renascimento na carne, conscientiza-te da sua utilidade e significação superior, combatendo os receios do passado espiritual, os mecanismos inconscientes de culpa, e produza com alegria.

Recebendo ou não tratamento especializado sob a orientação de algum facultativo, aprofunda a terapia espiritual e reage, compreendendo que todos os males que infelicitam o homem procedem do Espírito que ele é, no qual se encontram estruturadas as conquistas e as quedas, no largo mecanismo da evolução inevitável.

12 CÂNCER MORAL

O mau humor sistemático – vício de comportamento emocional – gera a irritabilidade que desencadeia inúmeros males no indivíduo, em particular, e no grupo social onde esse se movimenta, em geral.

Desconcertando a razão, açula as tendências negativas que devem ser combatidas, fomentando a maledicência e a indisposição de ânimo.

∼

Todos aqueles que o alimentam transferem-se de um para outro estado de desajuste orgânico e psicológico, dando margem à instalação de doenças psicossomáticas de tratamento complexo como de resultados demorados ou nenhuns.

Todas as criaturas têm o dever de trabalhar pelo próprio progresso intelecto-moral, esforçando-se por vencer as más inclinações.

⁓

O azedume resulta, também, da inveja maldisfarçada quanto do ciúme incontido.

Atiça as labaredas destruidoras da desavença, enquanto se compraz na observância da ruína e do desconforto do próximo.

⁓

Muitas formas de cânceres têm sua gênese no comportamento moral insano, nas atitudes mentais agressivas, nas postulações emocionais enfermiças.

⁓

O mau humor é fator cancerígeno que ora ataca uma larga faixa da sociedade estúrdia.

Exteriorização do egoísmo doentio, aplica-se à inglória tarefa de perseguir os que discordam da sua atitude infeliz, espalhando a inquietação com que se arma de forças para prosseguir na insânia que agasalha.

∽

Reveste-se de equilíbrio ante os mal-humorados e violentos, maledicentes e agressivos.

Eles se encontram enfermos, sim, em marcha para a loucura que os vence sob o beneplácito da vontade acomodada.

Oscilantes nos estados d'alma, mudam de um para outro episódio de revolta com facilidade, sem qualquer motivo justificável, como se motivo houvesse que justifique a vigência desse verdugo do homem.

∽

Vigia as nascentes dos teus sentimentos e luta com destemor, nas paisagens íntimas, contra o mau humor.

Policia o verbo rude e ácido, mantendo a dignidade interior e poupando-te ao pugilato das ofensas, decorrente do azedume frequente.

~

Não olvides da gratidão, nas tuas crises de indisposição...

O amanhã é incerto.

Aquele a quem hoje magoas será a porta onde buscarás apoio amanhã.

Conquista o título de pacífico ou faze-te pacificador.

Todo agressor torna-se antipático e asfixia-se na psicosfera morbífica que produz.

~

O Evangelho é lição de otimismo sem limite, e o Espiritismo, que o atualiza para o homem contemporâneo, convida à transformação moral contínua, sem-termo, em prol da edificação interior do adepto que se lhe candidata ao ministério.

13 NUNCA DESISTIR

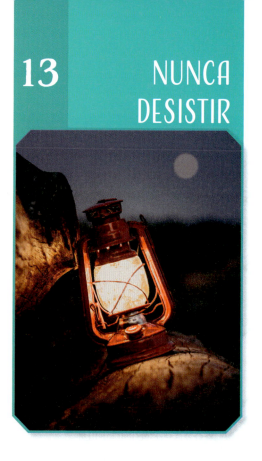

Parece haver uma conspiração generalizada contra os princípios ético-morais, as realizações nobilitantes, os trabalhos de engrandecimento humano, as obras de benemerência...

~

Fala-se a respeito da violência e da agressividade, dos horrores que se abatem sobre as comunidades, no entanto, sistematicamente, aqueles que repudiam esses comportamentos alienados acomodam-se nos seus interesses e apenas censuram...

Sonha-se com um mundo mais feliz e propugna-se, verbalmente, pela transformação sociomoral da Terra, sem embargo, não se vai além do verbalismo ou dos artigos bem urdidos na imprensa, e pouco vivenciados.

Estimula-se o homem ao sacrifício, sem que o sacrifício pessoal assinale a conduta de quem encoraja o outro.

Emocionam-se muitos indivíduos diante daqueles que se exaurem no afã de modificar o estatuto das injustiças sociais vigentes, aberrantes e dominadoras. Oferecem-se, então, ao labor de auxílio sob condições que não abdicam, desejando submeter aqueles a quem admiram ao talante das suas opiniões e experiências, desertando, no entanto, com facilidade, passada a emoção, sem o mínimo respeito pela obra em desenvolvimento.

∽

Todos sabem que o preço de um ideal custa o sacrifício do idealista, assim como a qualidade de um empreendimento faz-se avaliada pela profundidade do seu conteúdo, no bem que esparge e nas resistências com que suporta todas as forças que se lhe opõem...

É, portanto, compreensível que haja dificuldades no desempenho das tarefas de elevação da criatura em particular e da sociedade em geral.

O ardor da luta forja o herói e a força da coragem se revela no fragor da batalha.

Quem desiste não passa de candidato sem as credenciais de legítimo combatente.

❧

Anne Sullivan poderia ter desistido de educar Helen Keller, ante a obstinação negativa dos pais da educanda e dos imensos limites nos quais a menina se encarcerava.

Pasteur desistiria, se não tivesse o ideal vinculado à coragem de prosseguir, quando a zombaria tentou expulsá-lo dos laboratórios de pesquisa.

Semmelweis poderia ter desistido de buscar a solução para a febre puerperal, em razão de ser expulso da Clínica de Obstetrícia, em Viena, decorrente da intolerância dos seus colegas e do seu diretor.

Francisco de Assis tinha tudo para desanimar e desistir no começo, durante e no término da sua Obra espiritual.

Allan Kardec superou imensas barreiras na Sociedade que fundou em Paris para estudar e divulgar o Espiritismo.

Van Gogh, sob tormentos inomináveis, poderia ter desistido da pintura, todavia, prosseguiu.

Aleijadinho, sob o estupor do mal de Hansen, possuía todas as condições para refugiar-se na desistência da escultura, apesar disso, permaneceu.

A relação dos heróis e santos de ontem como de hoje, anônimos como conhecidos, é infindável.

Foi sobre a perseverança deles que o progresso estabeleceu as suas bases vigorosas para abençoar o presente e felicitar o futuro.

~

Não esperes de um mundo conturbado e de homens imperfeitos melhor tratamento, além das refregas que se impõem à tua evolução.

Insta no bem, porquanto não és diferente deles, de modo a exigires o que lhes negas, quando eles esperam receber de ti apoio e compreensão.

~

É fácil desistir, enquanto perseverar é desafio que merece aceitação.

Quem abandona, foge e transfere a oportunidade de realizar, assumindo as consequências naturais que advirão.

Dirás que realizarás o mesmo além, depois. Talvez o faças, possivelmente, não.

Quem se acostuma a desertar, mais dificilmente permanece, quando chega o momento do testemunho, que jamais deixa de ocorrer.

Faze um compromisso contigo e entrega-te a Deus, perseverando na realização que enfrenta os fatores infelizes deste instante e dedica-te a modificar as paisagens inditosas que predominam nesta hora histórica de dor.

Desistir, nunca!

14 LESÕES NA ALMA

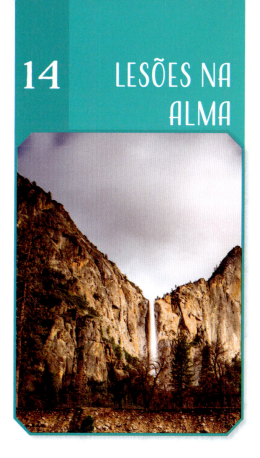

Diante dos acontecimentos infelizes que te surpreendam na senda por onde segues buscando a renovação, resguarda-te na fé iluminada que te impulsiona ao trabalho nobilitante.

Se agasalhas azedumes, cultivando mágoas e mantendo ódios, estás em perigo.

Se te deténs na maledicência, ou na ociosidade, ou te conduzes sob chuvas de impropérios que partem da tua revolta, estás à borda de terrível despenhadeiro.

Se sustentas rivalidades e aceitas o desafio das ofensas ou te interessas pela preservação das inimizades, encontras-te na fronteira do desequilíbrio.

Preserva-te na calma ante qualquer provação ou sob torrentes de ameaças, sem te dares a oportunidade de sintonizar na faixa da agressão.

Esses inimigos, que agasalhas e vitalizas com assiduidade, produzem-te graves lesões na alma, desarticulando as engrenagens sutis encarregadas do equilíbrio fisiopsíquico que se te faz necessário.

Da alma procedem as realizações edificantes e os processos degenerativos que se exteriorizam no corpo.

~

Ulcerações do estômago e do duodeno, problemas hepáticos e disfunções intestinais, manifestações cancerígenas e distúrbios da emotividade, propiciadores da ansiedade, da neurose, da psicose e de outras alienações têm as suas nascentes nos fulcros em desalinho da alma encarnada.

Enfermidades perfeitamente evitáveis, no campo da mente e nos painéis físicos, derivam do descontrole da vontade e da má usança dos valores que a vida proporciona para o progresso.

~

Desse modo, se anelas pela saúde, desejando o equilíbrio psicofísico, aprende a dirigir a conduta mental e moral, não dando guarida às farpas do mal, nem aos raios da perversidade que ainda grassam na Terra.

Entrega-te à ação do trabalho constante, sem tempo para a queixa ou o azedume, para a averiguação do erro alheio e da ingratidão, amando e esperando sob a dádiva luminosa da fé que te apresenta o porvir feliz à tua espera, se perseverares fiel até o fim.

15 VIVER COM SERENIDADE

No tumulto que ruge desenfreado, precata-te na serenidade.

Ante o clamor das mil vozes da anarquia, que engrossa as fileiras da alucinação, mantém-te em serenidade.

Sob as tempestades da dor generalizada ou a coerção de aflições que pressionam, preserva a serenidade.

No meio do vozerio que reclama e blasfema sob falso fundamento de justiça ou não, vive com serenidade.

Na conjuntura de expectativas malsãs, ante o desalinho que se faz lugar-comum, insiste na serenidade.

Porque todos se descontrolem, ameaçando a harmonia geral, não percas a serenidade.

Serenidade em qualquer situação. Serenidade com Deus.

⁓

Certamente não é fácil uma atitude pacifista quando se enfrenta a agressão asselvajada.

Sem dúvida, é um desafio sustentar o equilíbrio sob o açodar da violência primitiva.

Ninguém nega a dificuldade em permanecer com nobreza em meio às viciações que grassam, dominadoras.

⁓

Quem, no entanto, conhece Jesus tem um compromisso com a serenidade de que Ele deu mostras em todos os transes da Sua vida.

A identificação com o Mestre impõe a consciência do discernimento em meio à malversação dos valores que se desatinam, em desconcerto.

A afinidade com o Cristo reveste o indivíduo de fortaleza moral para permanecer no posto fiel da paz.

❧

Ninguém se justifique em face das armadilhas em que tomba.

Ninguém se escuse do esforço que deve envidar, preservando a integridade.

❧

Ninguém procure desculpas para tombar no redemoinho das paixões dissolventes.

❧

Os mecanismos de evasão fazem-se uma atitude cômoda, amolentada, diante das dissonantes composturas morais que se estabelecem na Terra com o beneplácito dos cristãos...

A serenidade em tudo caracteriza o amadurecimento do Espírito na forja dos testemunhos, disposto, realmente, a atingir o ponto final da sua difícil trajetória.

Só uma decisão finalista e argamassada no desejo honesto de não cair, de não desistir, de não asselvajar-se, leva o homem ao planalto da serenidade, em que o Mestre aguarda todos quantos se candidatam ao Reino.

～

Considerando a gravidade do momento que se vive no planeta angustiado, a serenidade é uma eficiente medicação de emergência para evitar o contágio dos males que predominam nos corações.

Com ela, todos teremos forças para os cometimentos elevados que a vida nos propõe em forma de testes para o nosso aprimoramento íntimo. E quando esta serenidade parecer desequilibrar-se, busca a oração que imana o homem ao Senhor numa sublime osmose, e absorverás o fluido pacificador que verte do Pai, recompondo-te, para prosseguir.

16

FIRMEZA NO IDEAL

A perseverança nos ideais superiores da vida é dos mais difíceis desafios para o homem de bem.

Terminada uma etapa, desdobra-se outra, à frente.

Vencida uma dificuldade, outra se delineia.

Passo dado enseja distâncias a conquistar.

Tarefa concluída é começo de tarefas mais desafiadoras.

E quando se pensa que os impedimentos mais graves foram ultrapassados, surgem situações e obstáculos de transposição mais demorada.

Diferente, no entanto, não pode ser o cometimento.

Cada conquista habilita o indivíduo a mais audaciosos tentames, em vez de convidá-lo ao parasitismo e à inação.

O exercício é o mestre paciente que capacita qualquer pessoa para as realizações mais complexas.

O que ora parece impossível, mais tarde se torna realização concluída.

∽

O conhecimento do alfabeto, na arte de ler e escrever, não encerra a luta do aprendiz, antes lhe desdobra os imensos campos do saber que o aguarda.

∽

Nunca desfaleças, portanto, nas lides nobres, especialmente no labor da fé regeneradora, diante das tentações e dos desencantos, das agressões sofridas e das deserções observadas.

Enquanto não haja um equilíbrio de valores morais que permita uma realização tranquila, as dificuldades se multiplicarão.

Nessa época, porém, quando tal suceder, a tua contribuição será, certamente, menos valiosa do que agora, quando as necessidades são mais volumosas e os servidores do bem escasseiam.

🙞

Em toda parte detectas o sofrimento e o desespero, a alucinação e a amargura, ceifando vidas.

Essa, entretanto, é a tua área de autoiluminação e de serviço fraternal a favor de todos.

🙞

Se não te aceitam integralmente, tem calma e prossegue.

Se te retribuem os gestos amigos com o olvido e a ingratidão, mais te apiada e continua sem descoroçoamento.

~

Considera as tempestades destruidoras que a árvore vetusta experimentou, antes de enrijecer as fibras e tornar-se vitoriosa, aguardando, sem reclamação, a poda parcial ou a derrubada total que a fará peça de alta utilidade.

Meditar a respeito do esforço hercúleo aplicado por qualquer artista, antes de alcançar o acume do êxito, bem como do preço das renúncias que se impôs, apesar de nem sempre atingir a plenitude íntima da busca a que se entrega.

~

Não anotes tropeços, nem arroles dificuldades, deixando no esquecimento aqueles que te não partilham dos objetivos.

Receitas de paz

❦

Que restou do Império Romano que desdenhou Jesus?

Os mordazes fariseus que O assediavam sucumbiram ante o túmulo e ficaram esquecidos. A lembrança que deles se guarda é negativa e depreciadora.

Que foi feito do Concílio de Constança, que levou à fogueira Jan Hus?

O bispo que conduziu Joana d'Arc ao martírio não ficou indene à morte.

❦

Os que tentaram impedir o progresso da ciência, da filosofia e das artes, avançaram no rumo da sepultura, cedendo lugar ao crescimento da Humanidade.

Estes ásperos dias, assinalados por sombras e perturbações, nos quais, todavia, se encontram inumeráveis apóstolos da verdade, são o amanhecer de ditosos tempos que já se anunciam em luz e paz.

Fixa-te nos ideais da beleza e do amor, sem te preocupares com as excentricidades em voga e acende a esperança nas almas, conduzindo as tuas aspirações superiores ao encontro da tua ressurreição ditosa. Nas ciladas que se te apresentem na senda, assume a atitude de fé e ora, prosseguindo com destemor, na certeza da vitória inquestionável que conseguirás.

17 LOUCURA E SUICÍDIO

Dentre os flagelos que se abatem sobre a Humanidade, destacam-se, como dos mais lamentáveis, a loucura e o suicídio, que ceifam inumeráveis existências humanas, demonstrando a falência de muitos dos valores morais da atualidade.

A primeira, a loucura, além das gêneses conhecidas pelas ciências psíquicas, é também consequência de débitos que o Espírito armazena no trânsito da sua evolução, na atual ou nas reencarnações anteriores. Efeito inevitável da soberba e das exageradas paixões dissolventes, estas imperfeições manifestam-se nas células e equipamentos da casa mental, produzindo desconcertos que degeneram em estados de perturbação e desequilíbrio.

Noutras vezes, os implementos da organização psíquica, sob a ação do próprio Espírito devedor, dão margem a que se instalem os fatores preponderantes da loucura ou impelem a ocorrências que se convertem em motivos predisponentes a ela.

Por fim, em face dos complexos de culpa e dos compromissos negativos que são mantidos, aqueles Espíritos que assim permanecem propiciam-se a sintonia com Entidades perversas e viciosas que se encarregam de desencadear processos alucinatórios, conhecidos somente na vasta temática da obsessão.

Enquanto isso, o suicídio, que não poucas vezes é a etapa final das patologias psíquicas, atinge cifras surpreendentes na economia moral da sociedade.

Entre as causas do suicídio podemos considerar as atuais, que são frutos dos abusos, encarregados das frustrações e insatisfações, de desconfortos e revoltas; como as anteriores, aquelas que procedem de outras existências que o ser espiritual viveu nas diversas reencarnações, critérios esses de que se utiliza a Divindade para promover o progresso e a conquista dos valores relevantes para o ser.

Atentado à Vida, dos mais nefastos, que o homem se permite, o suicídio é decorrência da rebeldia que dele toma conta, quando vê desatendidas as suas exigências, e dos mecanismos de fuga a que se entrega.

Como fenômeno psíquico, estudado largamente pelas ciências da mente e do comportamento, o suicídio vem-se expandindo em todas as épocas e especialmente nos nossos dias, generalizando-se em todas as classes nas quais estagiam as criaturas.

Nada que o justifique, nem motivo algum que o explique, na área da razão e do conhecimento, como sendo a solução legítima para os problemas-desafio que todos defrontam na marcha ascensional.

Semelhante à loucura, loucura que é o suicídio, pode-se, entre outros conhecidos fatores, encontrar a sua causa nas perturbações de ordem espiritual, por vinganças do Além-túmulo, daqueles que saíram do corpo através da morte, sem que hajam fugido da vida.

Loucura e suicídio, portanto, são termos da mesma equação humana, desafiando os estudiosos e esperando a coragem para vencê-los, por parte daqueles que tombam nas intrincadas malhas da sua rede infeliz.

~

É de todos nós o trabalho de erradicar da Terra esses dois terríveis inimigos do homem.

Mediante a palavra fraternal e encorajadora, a oração intercessória e os atos de bondade cristã, podemos modificar muitas situações que avançam e colimam na loucura, como para o suicídio.

Comportamentos joviais e interesses de caridade despertam os que vão sendo arrebanhados pelos ardis desses tresvarios, oferecendo-lhes os meios de desvencilhar-se das vigorosas amarras.

~

Vigia as nascentes do teu coração e da tua mente, evitando a queda nas sutilezas cruéis de tais tormentosos inimigos do homem.

Diante de dificuldades, reflexiona a fim de agires com acerto.

Sob injunções perigosas, medita antes da precipitada reação que consome a esperança da paz.

Ao encontro do infortúnio, considera a bênção do tempo como grande solucionador de todas as vicissitudes.

Submetido a testemunhos violentos, que te façam temer, levando-te quase à queda ou ao desencanto, renova-te com a certeza de melhores dias que virão, sem dúvida.

Seja qual for a estrada que percorras, defrontarás o sofrimento como ocorrência inevitável da existência humana.

Nesse sentido, ninguém que se apresente em critério de exceção.

Cada criatura conduz, com maior ou menor dignidade, a sua carga de dores. É certo que, pessoas há, sofrendo mais, que experimentam mais angustiantes aflições, todavia, estas estão em processo de reparação inevitável das conjunturas antigas procedentes de existências anteriores.

A forma como receberes as provações responderá pelo teu êxito ou fracasso.

Resguarda-te, desse modo, no equilíbrio, evitando as situações violentas da loucura e do suicídio, que hoje como ontem aprisionam as criaturas, ceifando-lhes, depois, a existência carnal.

Jesus, o Incomparável Amigo dos sofredores, em todos os momentos da Sua vida ensinou-nos, no amor fraternal, a solução para a paz e para a felicidade.

Nos Seus passos, em cada circunstância e diante de todas as pessoas, o otimismo e a confiança irrestrita em Deus constituíram a tônica dos Seus ensinos, ratificados na Sua vivência cotidiana.

Assim, assume o amor fraternal e a tranquilidade no Pai Criador, renovando-te e servindo o teu próximo como uma profilaxia liberativa para a loucura e o suicídio, ou na condição de terapia curadora, caso as síndromes de um ou do outro flagelo já estejam a manifestar-se no teu dia a dia, levando-te à rampa do desequilíbrio.

18 AGRESSÃO

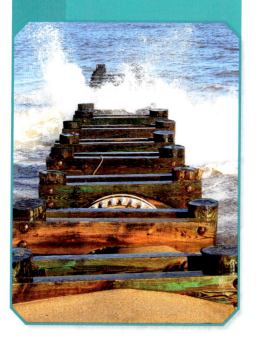

Quando alguém investe, furibundo, atacando outrem, já se encontra desequilibrado, sendo inúteis os esforços do outro, aplicados na palavra, a fim de o chamar à razão.

～

O agressor, psicologicamente, encontra-se dominado pelo instinto da destruição.

Faltando-lhe os valores morais para superar a circunstância ou ocorrência que o desagrada, deixa-se vencer pela irascibilidade irracional, atacando com violência.

Porque de vontade viciada e sem controle sobre os próprios impulsos, descarrega as suas frustrações e conflitos nas pessoas que, de alguma forma, o enfrentam, ou não se lhe submetem, ou ainda, semelhantes, o provocam.

~

As agressões iniciam-se e tomam vulto, a partir da reação mental atrevida, que nem sempre se exterioriza em palavras e gestos, mas que se torna habitual, até o momento da irrupção externa, em forma de provocação e choque físico, quando se transforma em murro de estupidez ou atitude de consequência imprevisível.

O único possível comportamento que a vítima deve assumir é o de não violência, pela harmonia interior desarmando o outro, mesmo que isto lhe custe sofrimento, humilhação.

~

A dignidade real não se deixa ferir pela alucinação dos desequilibrados que a buscam destruir.

Ela somente desaparece quando aquele que a possui a doa ou a perde, entrando nas pugnas da vulgaridade ou das vãs ambições.

Enfrentar com estoicismo a pessoa que nos fere, dilacerando-nos o sentimento e o corpo, é a maneira eficaz de chamá-la ao equilíbrio, convocando-a ao discernimento que a faz entender o estado de loucura em que se encontra.

"Mas se alguém te bater na face direita, oferece-lhe também a outra" – disse Jesus, conforme anotou Mateus, no versículo trinta e nove, do capítulo cinco do seu Evangelho.

Não sintonizes, portanto, com os agressores que te espreitam e atingem no caminho da tua redenção.

Preserva a calma e desarticula as engrenagens da perversidade que te busca.

~

Tem a coragem de não perder a paciência ante o agressor, evitando ficar igual a ele.

~

Covarde é o ato de revidar o mal, golpe por golpe, sob a insopitável ansiedade de liberar-se da ocorrência a qualquer preço.

Não deixa de ser um imenso desafio moral a coragem de apresentar a face esquerda ao violento que já golpeou a direita...

O homem, porém, é o seu valor espiritual, e não apenas o feixe de músculo que reage, com impulsos descontrolados, aos estímulos externos.

O animal escouceia ou morde, por instinto, quando atingido, porque não dispõe de outro recurso para a defesa.

~

Habitua-te ao autocontrole, canalizando de forma edificante as tuas forças mentais e físicas, mediante exercícios de vigilância contra a agressividade que permanece em ti como herança ancestral...

Se, todavia, alguma vez, sob o apodo ou o golpe violento que te fere, estiveres a pondo de revidar por falta de forças morais, recorre à oração silenciosa e serás renovado, conseguindo vencer a injunção infeliz.

~

Esmurrado, em pleno julgamento arbitrário, por um legionário perverso, Jesus, com dignidade, indagou: – *"Se falei mal, aponta o meu erro, mas se falei bem, por que me bateste?"*, desarmando o covarde, que nunca mais esqueceu aquele olhar penetrante e transparente de bondade, do homem que, vencido, permanece pelos tempos afora como o verdadeiro vencedor.

19 SOBREVIVÊNCIA

Em toda a Boa-nova perpassa uma suave mensagem de alento imortalista, sobranceiramente, num convite direto e sem retoques a respeito da observância das Leis da Vida inscritas na consciência do homem, como reflexo da Divina Consciência.

Todo o ministério do Cristo se realizou sob o concurso espiritual de Mensageiros elevados que confraternizavam com as criaturas, como de Entidades sofredoras que n'Ele hauriam vigor e libertação das inditosas conjunturas em que se debatiam...

Anunciado, nos vários séculos que O precederam, através dos profetas – os médiuns de então –, fez-se anteceder por anjos que informaram a consumação da larga espera, continuando o intercâmbio sistemático dos sobreviventes ao túmulo, que contribuíam com o Seu messianato.

Sonhos premonitórios e revelações indiscutíveis aplainaram-Lhe os caminhos, enquanto obreiros que O anteciparam, portadores de acuidade mediúnica expressiva, ratificaram os anúncios auspiciosos...

Em diálogos memoráveis, Jesus demonstrou a Sua autoridade em relação aos Espíritos, que Lhe submetiam de imediato.

Os venerandos Moisés e Elias homenagearam-nO no Tabor, quando Ele esplendeu em grandeza e elevação.

...E como se não bastassem todos os fatos mediúnicos da Sua Vida, ei-lO que retorna, após a morte, inúmeras vezes, em comovedor e decisivo apoio aos companheiros assustados, tanto quanto em convite de esperança na triunfal sobrevivência do ser após a noite sombria da sepultura.

❧

Por mais aflitiva se te aprofunde a dor da saudade em relação ao ser amado que a morte arrebatou, projeta o pensamento no rumo do amanhã que vos reunirá outra vez, na Vida – Além da vida.

A morte é fenômeno inevitável, no entanto é bênção que faculta a perene união.

❧

Não te entregues à revolta ou à blasfêmia em face da chegada do imprevisto acontecimento que te enluta.

Ninguém ficará indene à desencarnação, nem infenso ao sofrimento.

❧

Balsamiza a ferida aberta no teu sentimento angustiado, com a medicação do amor que permanece integral, facultando-te manter a vinculação com o ser querido.

Poderás contatar com ele, passado o período inicial de recuperação e reequilíbrio.

Ora, elevando-te em pensamento e auxiliando o teu afeto, a fim de ajudá-lo na conjuntura nova.

~

E enquanto permaneças no corpo, vive de tal forma que, em te chegando o momento da partida, estejas equipado com paz e valores relevantes para oferecer aos amores que te precederam e que te aguardam, igualmente ditosos, cantando um poema de gratidão em irisado amanhecer de sobrevivência feliz.

20 RENASCIMENTO DO CRISTO

A irrefreável ganância, gerada pela megalomania, responde pelo desconforto das multidões atiradas aos guetos da miséria hodierna, donde procede o morbo da delinquência que se espalha pelos quadrantes da Terra...

Não porque o psiquismo do Cristo se tenha diluído em vão, através das páginas da História; nem porque faltem os testemunhos grandiloquentes da solidariedade e do amor, demonstrando a excelência da conduta dos mártires da fé e dos missionários de todo jaez...

∽

A Humanidade conhece a saga dos verdadeiros argonautas do bem, que se sacrificam em testemunho dos ideais de enobrecimento, mediante os quais atestam que, verdadeiramente, o triunfo é uma conquista interior sobre os ímpetos e paixões asselvajados, e não o domínio dos objetos e valores de legitimidade mui duvidosa.

※

Há aqueles que, do alto das posições de comando, não conseguem liberar-se das cruéis e ocultas dependências a que se escravizam.

Existem muitos homens que acumulam fortunas e padecem carência que moeda alguma pode substituir, na área do sentimento e da paz.

Triunfam conquistadores, que se fazem temidos e respeitados, vencidos, eles mesmos, por enfermidades irreversíveis, que os consomem, inexoravelmente.

※

Alexandre Magno, da Macedônia, conquistou a Terra, no entanto foi batido pela morte, quando no ápice das glórias humanas perdeu o corpo para uma febre aguda, aos 33 anos...

Nabucodonosor I, da Caldeia, erigiu um império invejável, sem eximir-se à loucura que o aniquilava...

Ciro II, o persa, venceu Astiages e Creso, conquistando inúmeros reinos, mas não permaneceu por muito tempo comandando o carro da guerra, que o atirou ao solo, ele próprio vitimado pela impulsividade, na batalha contra os massagetas...

Átila, o huno, ameaçou e dizimou quase toda a Europa, todavia perdeu-se a si mesmo na derrota que sofreu nos Campos Cataláunicos, por Aécio...

Alarico I, o visigodo, que lhe era semelhante, venceu o Oriente, saqueando Roma, entretanto, perdeu-se, em Cosença, onde morreu...

A relação é vasta, apresentando os vencedores de ontem e de hoje, os dominadores e poderosos que passaram...

Estes dias, igualmente sombreados por ameaçadoras calamidades, logo passarão, porque, embora a presunção humana e a impiedade que governa muitas criaturas, com olvido alucinado das suas e das responsabilidades em relação ao próximo, Jesus comanda a nave terrena, conduzindo-a ao porto da paz.

Os fomentadores da guerra, no passado, são fantasmas truanescos, que ora jazem em cinzas e olvido.

Os que agora ameaçam de extinção o mundo, mediante as armas de alto poder destrutivo, igualmente permanecerão por pouco tempo no corpo transitório.

Todos aqueles que, firmados nos ideais materialistas, pensam em retirar os "sinais de Deus" da memória do mundo, jamais lograrão "apagar as estrelas" que após eles continuarão fulgindo...

...E porque a cultura, a ética e a civilização parecem mergulhar numa noite abissal, como aconteceu, num tempo já longe, no entanto, perto pelo sentimento e pela mente, quando nasceu Jesus, apontando os rumos que não foram percorridos, repete-se o ato de Amor de Deus para com as criaturas, permitindo que Ele, discretamente, renasça no coração do homem, celebrando uma aliança de perfeita união, capaz de vencer as horas difíceis de hoje, tornando-se uma estrela de primeira grandeza, em torno da qual girem as aspirações e os ideais de todas as criaturas.

Anotações

Anotações